LES
MAISONS DE JEUX

RUINÉES

PAR LES JOUEURS

Solution pratique de la question des Jeux

PAR

LE MARQUIS DE JERCEY

Nᵒˢ 1, 2, 3

PARIS

AMYOT, ÉDITEUR, 8, RUE DE LA PAIX

MDCCCLXI

LES

MAISONS DE JEUX

RUINÉES

PAR LES JOUEURS

TYPOGRAPHIE ERNEST MEYER, 22, RUE DE VERNEUIL, A PARIS

LES

MAISONS DE JEUX

RUINÉES

PAR LES JOUEURS

Solution pratique de la question des Jeux

PAR

LE MARQUIS DE JERCEY

Nᵒˢ 1, 2, 3

PARIS

AMYOT, ÉDITEUR, 8, RUE DE LA PAIX

MDCCCLX

1861

Parmi les critiques auxquelles notre ouvrage a donné lieu, il en est quelques-unes qu'on eût pu croire sérieuses. Des citations dont la fausseté était perfidement calculée, et les termes techniques du langage des Jeux, connus seulement des familiers de ces AMUSEMENTS *publics*, dont ces critiques étaient parsemées, nous ont bientôt prouvé de quelle part elles nous venaient.

Si les défenseurs des Jeux ont usé de leur droit, nous usons du nôtre, en publiant, pour toute réponse à ces critiques, les calculs nouveaux que nous avons annoncés dans notre première édition.

Amis et adversaires nous ont fait trois objections, auxquelles nous avons eu égard, parce que nous les avons trouvées fondées.

1° *L'enjeu total, nous a-t-on dit, est trop cher;*

nous l'avons abaissé jusqu'à la somme de 430 francs;

2° Le bénéfice trop peu considérable; nous laissons chacun libre d'en fixer le montant;

3° Les Maisons de Jeux calculent en florins; nous avons traduit nos calculs en unités, auxquelles nous avons donné la valeur de florins.

Quant à la cherté du livre, notre désir, en le tenant à un prix élevé, était de le rendre impossible aux petites bourses. Nous faisons droit aux réclamations, en publiant, à un prix plus modéré, cette nouvelle édition, qui renferme TOUS *nos calculs.*

D'ailleurs, en abaissant le montant de l'enjeu total, nous ne pouvions faire autrement de mettre ce livre plus à la portée de tous.

M^{IS} DE JERCEY.

1er mai 1860.

INTRODUCTION

L'auteur de ce petit livre n'est pas joueur.

L'eût-il été que des catastrophes affreuses produites par le jeu et dont il a été le témoin, eussent suffi pour le guérir d'une aussi funeste passion.

Malheureusement en France, comme ailleurs du reste, peu de gens se corrigent aux fautes d'autrui. Ce qui le prouve, c'est que si la masse de la population est désormais à l'abri du fléau du jeu, nous voyons, à chaque *saison*, une foule avide courir à la recherche des *tapis verts;* et chacun de nous sait combien de fortunes sont allées ainsi et vont chaque jour s'engloutir dans les Kursaals allemands.

C'est donc pour la France, comme pour l'Europe entière, un *droit* et un *devoir* de chercher, par *tous les moyens possibles*, à détruire ces *repaires* qui sont la honte du dix-neuvième siècle.

Installé, bien plus, protégé dans ses refuges *officiels*, le JEU PUBLIC semble défier par sa puissance l'Assemblée des Seigneurs de Prusse, qui, jusqu'ici, a vainement essayé de le renverser.

Ce qu'une haute Assemblée n'a pu faire, nous venons le tenter par une autre voie.

Chacun sait que ce que redoutent le plus les maisons de jeux sont ces gens qui, après avoir dissipé le peu qu'ils possédaient sur les *tapis verts*, en deviennent les pensionnaires de gré ou de force, et se donnent pour règle de *gagner peu à la fois, pour gagner à coup sûr.*

Cela est si vrai, qu'on cite un certain nombre d'hommes vieillis dans les antres du jeu, *dont la manière de jouer pourrait devenir funeste si elle se propageait*, et qui, au moyen d'une pension modique, sont tenus, par les entrepreneurs

de ces amusements officiels, soigneusement éloi-
gnés du public.

Gagner à coup sûr en jouant peu à la fois,
tel est le moyen que nous venons mettre à la
disposition de chacun.

En indiquant la manière de *gagner toujours,*
ou à peu près, nous espérons que les établis-
sements de jeux, las des pertes que nous leur
aurons fait essuyer, en viendront d'eux-mêmes
à fermer leurs luxueux salons.

Il suffit, pour cela, de quelques centaines de
joueurs, *se contentant* de quelques milliers de
francs *par jour.*

Tel est le but de cet écrit.

En admettant que la publication de ce petit
livre effraie les entrepreneurs de jeux, et les
engage à se retirer devant la réprobation pu-
blique, avant de rendre gorge, notre but serait
réellement et complétement atteint. Nous n'aurions ruiné personne et nous aurions sauvé une
foule de familles, auxquelles nous ne deman-
dons pas même de reconnaissance.

Un dernier mot encore.

1.

Si l'auteur n'était pas désintéressé, comme il l'est en effet, loin de publier ces pages, il en eût gardé pour lui les lucratives indications.

Nos motifs étant donc bien expliqués, entrons en matière.

Nous tenons pour impossible, et cela d'une manière *absolue*, toute combinaison, quelle qu'elle soit, ayant pour objet l'*espérance* d'un gain *quelconque* au **Trente et Quarante**, à la **Rouge** et à la **Noire**, à **Pair et Impair**, etc.

Le joueur nous apparaît dans ce cas — qu'on nous pardonne la comparaison — ressembler à un de ces pauvres *manants* à qui, suivant les chroniques, et par une rare exception, on accordait jadis le droit de recourir au jugement de Dieu contre un *chevalier*.

Le *manant* n'avait qu'un bâton; son adversaire, cuirassé de toutes parts, avait, outre sa bonne lance qui lui permettait de *tuer à distance*, tout l'arsenal complet des armes d'alors.

Ici, le manant c'est le *joueur*, et le chevalier qui accepte ce *combat inégal*, c'est la Banque des jeux.

Ici, en effet, le joueur donne tout au *hasard*.

Quoiqu'il entreprenne, il est certain d'avance de perdre, car il n'a aucune base solide pour asseoir ses *calculs de probabilité*.

Il n'en est pas ainsi de la **Roulette**, où, quels que soient les *avantages exorbitants* réservés au banquier, il est possible de les contrebalancer, pour ainsi dire, d'une manière permanente.

Deux choses sont impérieusement nécessaires pour entrer dans la lice :

La première, une bourse de plaisir garnie de la somme indiquée :

La seconde, une force de volonté *inexorable* et devant laquelle vienne se briser toute *velléité de changement dans le jeu indiqué*.

A ce prix on peut, en *s'amusant* réellement et lucrativement, concourir à un but sérieux et moral; en agissant autrement, on est *certain de sa ruine*.

L'auteur, enfin, engage ceux qui voudront mettre ce petit livre en pratique, *à l'expéri-*

menter mentalement devant une Roulette en exercice.

Ils acquerront ainsi, en une ou deux séances d'un quart d'heure et *avant d'ouvrir leur bourse,* l'habitude de la lecture des Tableaux et la *confiance* que ceux-ci *doivent leur inspirer* pour qu'ils puissent jouer *sans crainte.*

RÈGLES GÉNÉRALES

DONT

LE JOUEUR NE DOIT JAMAIS S'ÉCARTER

ET

applicables à tous les tableaux qui suivent

RÈGLES GÉNÉRALES

§ 1er.

Le Joueur doit toujours être muni de la mise totale indiquée par le tableau qu'il a choisi.

Il doit, en outre, avoir toujours de la monnaie en quantité suffisante pour faire *promptement* son enjeu.

NOTE. En suivant ce système, il évitera de demander de la monnaie aux banquiers *sur la complaisance desquels il ne doit pas compter*. Il évitera également toute erreur dans le compte de cette monnaie, ainsi que les querelles, *faciles à susciter*, et *qui peuvent être la conséquence* de ces erreurs.

Un Joueur peut parfaitement jouer seul, mais la manière qui nous semble préférable, surtout pour les commençants, est de *jouer à deux*. Pendant que l'un des associés joue et surveille le jeu, l'autre prépare les fonds de l'enjeu suivant, absolument comme s'il admettait en principe *qu'il dût nécessairement perdre chaque fois.*

Si le coup a été gagné, l'associé chargé des enjeux en est quitte pour serrer l'enjeu préparé et pour l'échanger contre la *pièce unique* qui forme l'enjeu *du premier coup.*

De cette façon, on annule toute chance d'erreur et l'on n'est pas exposé à laisser passer un coup qui eût peut-être gagné.

§ 2.

Le Joueur ne doit *jamais augmenter ni diminuer* l'enjeu indiqué, soit au tableau, soit à l'appendice de ce tableau.

Note. En augmentant ou en diminuant un enjeu on rompt l'équilibre de tous les calculs, et le jeu ne devient plus, dès lors, qu'un jeu de hasard, auquel on est certain d'avance de *perdre la totalité de sa mise.*

§ 3.

Si le coup a été perdu, le Joueur doit poser

sur le tapis l'enjeu *indiqué pour le coup suivant.*

NOTE. La note qui précède (§ 2) indique le danger que l'on court en ne suivant pas *littéralement* les prescriptions du présent §.

§ 4.

Si le coup a été gagné, *après une série quelconque de`pertes*, au lieu de continuer par le numéro de l'enjeu qui suit celui qui vient de gagner, on doit *toujours* recommencer le *premier enjeu.*

NOTE. Indépendamment du danger signalé dans la note du § 2, on commettrait, en agissant autrement, la folie de *sacrifier, en une seule fois,* une somme qui eût été suffisante pour *jouer* et *gagner plusieurs fois.*

On remarquera, en outre, que les premiers coups indiqués ci-après, et qui *sont joués avec l'enjeu le plus faible,* sont généralement ceux qui *procurent le plus de bénéfices.*

§ 5.

Comme le Joueur a besoin, *surtout s'il est seul,* de toute sa lucidité d'esprit, il doit se retirer, au gain le plus prochain, *dès qu'il se sent fatigué.*

Il doit également s'arrêter ou même se retirer au gain le plus prochain, s'il s'aperçoit que la chance favorable se présente à de *trop longs intervalles.*

JEU SUR SIX NUMÉROS A LA FOIS

TABLEAU-RÈGLE

N° 1

MISE TOTALE
1913 florins (4112 francs)

VOIR L'EXPLICATION DE CE TABLEAU PAGES 29 ET 33

JEU SUR SIX NUMÉROS A LA FOIS

TABLEAU-RÈGLE

N° 1

N°ˢ des Coups joués.	ENJEU ou Mise de chaque coup.	ADDITION des Enjeux perdus et de l'Enjeu gagnant.	BÉNÉFICE brut y compris la mise.	BÉNÉFICE NET.
	Florins.			
1	1	1	6	5
2	1	2	6	4
3	1	3	6	3
4	1	4	6	2
5	1	5	6	1
6	2	7	12	5
7	2	9	12	3
8	2	11	12	1
9	3	14	18	4
10	3	17	18	1
11	4	21	24	3
12	5	26	30	4
13	6	32	36	4
14	7	39	42	3

N°˙ des Coups joués.	ENJEU ou Mise de chaque coup.	ADDITION des Enjeux perdus et de l'Enjeu gagnant.	BÉNÉFICE brut y compris la mise.	BÉNÉFICE NET.
	Florins.			
15	8	47	48	1
16	10	57	60	3
17	12	69	72	3
18	14	83	84	1
19	17	100	102	2
20	21	121	126	5
21	25	146	150	4
22	30	176	180	4
23	36	212	216	4
24	43	255	258	3
25	52	307	312	5
26	62	369	372	3
27	74	443	444	1
28	89	532	534	2
29	107	639	642	3
30	128	767	768	1
31	154	921	924	3
32	185	1106	1110	4
33	222	1328	1332	4
34	266	1594	1596	2
35	319	1913	1914	1

TABLEAU-RÈGLE

N° 2

MISE TOTALE

1912 florins (4110 francs)

VOIR L'EXPLICATION DE CE TABLEAU PACE 29

JEU SUR SIX NUMÉROS A LA FOIS

TABLEAU–RÈGLE

N° 2

N°° des Coups joués.	ENJEU ou Mise de chaque coup.	ADDITION des Enjeux perdus et de l'Enjeu gagnant.	BÉNÉFICE brut y compris la mise.	BÉNÉFICE NET.
	Florins.			
1	1	1	6	5
2	1	2	6	4
3	1	3	6	3
4	1	4	6	2
5	2	6	12	6
6	2	8	12	4
7	2	10	12	2
8	3	.13	18	5
9	3	16	18	2
10	4	20	24	4
11	5	25	30	5
12	6	31	36	5
13	7	38	42	4
14	8	46	48	2
15	10	56	60	4
16	12	68	72	4

N.os des Coups joués.	ENJEU ou Mise de chaque coup.	ADDITION des Enjeux perdus et de l'Enjeu gagnant.	BÉNÉFICE brut y compris la mise.	BÉNÉFICE NET.
	Florins.			
17	14	82	84	2
18	17	99	102	3
19	21	120	126	6
20	25	145	150	5
21	30	175	180	5
22	36	211	216	5
23	43	254	258	4
24	52	306	312	6
25	62	368	372	4
26	74	442	444	2
27	89	531	534	3
28	107	638	642	4
29	128	766	768	2
30	154	920	924	4
31	185	1105	1110	5
32	222	1327	1332	5
33	266	1593	1596	3
34	319	1912	1914	2

JEU SUR SIX NUMÉROS A LA FOIS

TABLEAU-RÈGLE
N° 3

MISE TOTALE
1911 florins (4108 francs)

VOIR L'EXPLICATION DE CE TABLEAU PAGES 29 ET 34

JEU SUR SIX NUMÉROS A LA FOIS

TABLEAU-RÈGLE

N° 3

N°ˢ des Coups joués.	ENJEU ou Mise de chaque coup.	ADDITION des Enjeux perdus et de l'Enjeu gagnant.	BÉNÉFICE brut y compris la mise.	BÉNÉFICE NET.
	Florins.			
1	1	1	6	5
2	1	2	6	4
3	1	3	6	3
4	2	5	12	7
5	2	7	12	5
6	2	9	12	3
7	3	12	18	6
8	3	15	18	3
9	4	19	24	5
10	5	24	30	6
11	6	30	36	6
12	7	37	42	5
13	8	45	48	3
14	10	55	60	5
15	12	67	72	5
16	14	81	84	3

2.

N.os des Coups joués.	ENJEU ou Mise de chaque coup.	ADDITION des Enjeux perdus et de l'Enjeu gagnant.	BÉNÉFICE brut y compris la mise.	BÉNÉFICE NET.
	Florins.			
17	17	98	102	4
18	21	119	126	7
19	25	144	150	6
20	30	174	180	6
21	36	210	216	6
22	43	253	258	5
23	52	305	312	7
24	62	367	372	5
25	74	441	444	3
26	89	530	534	4
27	107	637	642	5
28	128	765	768	3
29	154	919	924	5
30	185	1104	1110	6
31	222	1326	1332	6
32	266	1592	1596	4
33	319	1911	1914	3

EXPLICATION

Des Tableaux-Règles N°s 1, 2 et 3 [1]

(VOIR PAGES 21, 25 ET 29).

1re COLONNE.

La première colonne indique le nombre des coups joués et perdus successivement.

En entrant au jeu on joue l'enjeu indiqué en regard du n° 1er de cette colonne, et successivement les enjeux indiqués aux n°s 2, 3, 4, etc., *jusqu'à ce que l'on gagne.*

Dès que l'on a gagné un coup, on recommence à jouer l'enjeu indiqué en regard du n° 1er de cette colonne, et toujours successivement, les enjeux indiqués aux n°s 2, 3, 4, etc.

Cette manière de jouer ne doit *jamais être modifiée.*

2e COLONNE.

La deuxième colonne indique le montant de l'enjeu de chaque coup.

---

(1) Cet exemple est également applicable aux Tableaux-Règles 4 à 9 inclusivement. — Voir pages 43, 44, 45, 53, 57 et 71.

3ᵉ COLONNE.

La troisième colonne indique le total des enjeux perdus, *depuis le dernier coup gagnant*, et additionnés avec celui que l'on joue.

4ᵉ COLONNE.

La quatrième colonne indique la somme à payer par la Banque *en cas de gain*, y compris l'enjeu du coup gagnant.

5ᵉ COLONNE

La cinquième colonne indique, *en cas de gain*, le bénéfice net du Joueur, excédant le remboursement qui lui est effectué des enjeux perdus par lui.

———

Specimen du Tableau des 36 Numéros

IMPRIMÉS SUR LE TAPIS VERT D'UNE ROULETTE

1	2	3
4	5	6
7	8	9
10	11	12
13	14	15
16	17	18
19	20	21
22	23	24
25	26	27
28	29	30
31	32	33
34	35	36

NOTA. Le but sérieux de ce petit livre nous a fait une loi de ne donner ici que l'indication des chiffres sur lesquels repose notre système. Ceux qui *voudront se ruiner* trouveront les autres indications dans les Manuels de Jeux.

EXEMPLE

S'APPLIQUANT AUX TABLEAUX-RÈGLES Nᵒˢ 1, 2 ET 3.

	A		B	
Joueur de gauche.	1	2	3	**Joueur de droite.**
1ʳᵉ Ligne. 7ᵉ coup				5ᵉ coup.. Ligne 1ʳᵉ
	4	5	6	
2ᵉ....... 8ᵉ, etc.				4ᵉ.............2ᵉ
	7	8	9	
3ᵉ..............				3ᵉ.............3ᵉ
	10	11	12	
4ᵉ.............				2ᵉ......... ....4ᵉ
	13	14	15	
5ᵉ.............				1ᵉʳ...........5ᵉ
	16	17	18	
6ᵉ....... 1ᵉʳ coup				....6ᵉ
	19	20	21	
7ᵉ....... 2ᵉ.....				.............7ᵉ
	22	23	24	
8ᵉ....... 3ᵉ.....				.............8ᵉ
	25	26	27	
9ᵉ....... 4ᵉ.....				8ᵉ coup, etc. Lig. 9ᵉ
	28	29	30	
10ᵉ... .. 5ᵉ.....				7ᵉ.............10ᵉ
	31	32	33	
11ᵉ...... 6ᵉ.....				6ᵉ.............11ᵉ
	34	35	36	
	A		B	

NOTA. A et B indiquent les lignes sur lesquelles on doit toujours placer les enjeux.

● indique l'endroit des lignes A ou B sur lequel l'enjeu doit être placé.

MANIÈRE DE JOUER

D'après un des Tableaux-Règles N°s 1, 2 et 3.

(VOIR PAGES 21, 25 ET 29).

Le Joueur mettra son enjeu sur l'une des lignes A ou B, selon qu'il se trouvera placé d'un côté ou de l'autre de la table.

On appelle *la gagnante*, le numéro qui vient de sortir.

Comme il arrive fréquemment que le même numéro sort deux fois de suite, on jouera, de préférence, *son premier coup d'entrée* sur une des lignes contiguës au dernier numéro gagnant, ou *gagnante*.

EXEMPLE :

Supposons que le n° 17 vient de gagner.

Deux Joueurs (jouant d'après notre système placés, l'un à droite et l'autre à gauche de la table, mettront leur enjeu :

Celui de gauche (A) sur la 6e ligne et jouera. conséquemment sur les n°s 16, 17, 18, 19, 20 et 21.

Celui de droite (B) sur la 5e ligne et jouera, en conséquence, sur les nos 13, 14, 15, 16, 17 et 18.

Le Joueur de gauche (A), qu'il perde ou qu'il gagne, mettra, successivement, ses enjeux sur les lignes 7e, 8e, 9e, 10e, 11e, 1re, 2e, 3e, etc.

Le Joueur de droite (B), au lieu de mettre ses enjeux sur les mêmes lignes que son vis-à-vis, *préfère* mettre les coups suivants sur les lignes 4e, 3e, 2e, 1re, 11e, 10e, 9e, 8e, etc....

Celui des deux Joueurs qui verra l'autre gagner plus souvent, pourra, sans inconvénient, changer son jeu et adopter celui de son vis-à-vis (ceci ne doit s'entendre que de *la place* où l'on *met l'enjeu* et non de *l'enjeu* lui-même, dont la *fixation immuable* est indiquée aux Tableaux 1, 2 ou 3.

PREMIER EXEMPLE. TABLEAU N° 1

Série de 3 Coups

(Voir page 21).

Ainsi, un Joueur après avoir perdu deux coups de suite à 1 florin l'un, soit ensemble.. 2 florins en joue un troisième d'égale somme, soit............................... 1 —

Ces trois coups réunis forment une série, dont le total est inscrit dans la 3ᵉ colonne, en regard du 3ᵉ coup, soit 3 florins

S'il gagne ce 3ᵉ coup, le Joueur gagne 6 fois (*) la valeur de son enjeu de 1 florin, soit

(*) L'expression de 6 fois la mise dont on se sert toujours, est inexacte en réalité. Voici comment la Banque *prétend* payer six fois :

Considérant comme *acquise d'avance* toute somme aventurée sur son tapis vert, elle *laisse* au Joueur l'enjeu qui vient de le faire gagner, soit, dans l'espèce, la somme de........................ 1 florin.
puis elle paye *cinq* fois la valeur de l'enjeu, soit.......... 5 —

Total égal à six fois la mise.... 6 florins.

le total porté à la 4ᵉ colonne, en regard du 3ᵉ coup......................... 6 florins

S'il en déduit le montant, détaillé ci-dessus des sommes risquées par lui, soit.............................. 3 —

Il aura pour résultat de cette opération, le montant du bénéfice net produit par cette série de 3 coups (total porté à la 5ᵉ colonne, en regard du 3ᵉ coup)............................. 3 florins

Série de 13 Coups

(Voir page 29).

Un autre Joueur aura perdu, en onze coups consécutifs, une somme totale de... 30 florins
le 12ᵉ coup son enjeu est de........ 7 —

12ᵉ coup, 13ᵉ colonne....... 37 florins
Il perd encore, et, au 13ᵉ coup, son enjeu est de..................... 8 —

13ᵉ coup, 3ᵉ colonne........ 45 florins
Il gagne et reçoit (son enjeu compris) la somme portée 13ᵉ coup, 4ᵉ colonne.......................... 48 —

Son bénéfice net, *après complet remboursement* des 45 florins *joués*, s'élève à la somme portée 13ᵉ coup, 5ᵉ colonne, soit..................... 3 florins

Le lecteur voit par les deux exemples qui précèdent :

1° Que chaque coup est calculé de façon à ce que son enjeu soit le plus faible possible ;

2° Qu'à chaque coup gagnant, il *rentre* non-seulement *dans la possession de son argent perdu*, mais qu'il *fait*, en outre, *un bénéfice* dont il sait d'avance le montant ;

3° Que la quotité de ce bénéfice *dépend entièrement de lui*, et qu'elle sera faible ou élevée suivant qu'il jouera avec un des tableaux contenus dans cet ouvrage.

JEU SUR DOUZE NUMÉROS A LA FOIS

TABLEAUX-RÈGLES
Nᵒˢ 4, 5 et 6

MISE TOTALE (MAXIMUM)
1598 florins (3436 francs)

JEU SUR DOUZE NUMÉROS A LA FOIS.

TABLEAUX–RÈGLES

N" 4, 5 & 6

(Voir pages 49, 43, 47).

1", 4', 7', 10', 13' et 16' coups.			2', 5', 8', 11', 14' et 17' coups.			3', 6', 9· 12' et 15· coups.		
1	2	3	1	2	3	1	2	3
4	5	6	4	5	6	4	5	6
7	8	9	7	8	9	7	8	9
10	11	12	10	11	12	10	11	12
13	14	15	13	14	15	13	14	15
16	17	18	16	17	18	16	17	18
19	20	21	19	20	21	19	20	21
22	23	24	22	23	24	22	23	24
25	26	27	25	26	27	25	26	27
28	29	30	28	29	30	28	29	30
31	32	33	31	32	33	31	32	33
34	35	36	34	35	36	34	35	36
●			●			●		

1	2	3
4	5	6
7	8	9
10	11	12
13	14	15
16	17	18
19	20	21
22	23	24
25	26	27
28	29	30
31	32	33
34	35	36
A	B	C

A, B, C,

indiquent 3 cases vides, qui se trouvent au bas de chaque colonne, c'est-à-dire sur lesquelles aucun numéro n'est inscrit.

MANIÈRE DE JOUER

D'après un des Tableaux-Règles Nᵒˢ 4, 5 et 6.

—

(Voir pages 49, 53 et 57).

—

Le Joueur mettra constamment son enjeu sur une des trois cases indiquées A, B ou C.

S'il commence à jouer sur la case A, il continuera les coups suivants, qu'il gagne ou qu'il perde, par les cases B, C, A, B, C, A, et successivement, sans jouer deux fois de suite sur la même case.

S'il commence à jouer sur la case B, il continuera de même les coups suivants par C, A, B, C, A, et successivement.

S'il commence à jouer sur la case C, il continuera également les coups suivants par A, B, C, A, B, et successivement.

3.

JEU SUR DOUZE NUMÉROS A LA FOIS

TABLEAU-RÈGLE
N° 4

MISE TOTALE
1598 florins (3436 francs

VOIR L'EXEMPLE, PAGE 35

JEU SUR DOUZE NUMÉROS A LA FOIS

TABLEAU–RÈGLE

N° 4

N°˙ des Coups joués.	ENJEU ou Mise de chaque coup.	ADDITION des Enjeux perdus et de l'Enjeu gaguant.	BÉNÉFICE brut y compris la mise.	BÉNÉFICE NET.
	Florins.			
1	1	1	3	2
2	1	2	3	1
3	2	4	6	2
4	3	7	9	3
5	4	11	12	1
6	6	17	18	1
7	9	26	27	1
8	14	40	42	2
9	21	61	63	2
10	31	92	93	1
11	47	139	141	2
12	70	209	210	1
13	105	314	315	1
14	158	472	474	2
15	237	709	711	2
16	356	1065	1068	3
17	533	1598	1599	1

JEU SUR DOUZE NUMÉROS A LA FOIS

TABLEAU-RÈGLE
Nº 5

MISE TOTALE
1596 florins (3421 francs)

VOIR L'EXEMPLE, PAGE 35

TABLEAU-RÈGLE

N° 5

N°ˢ des Coups joués.	ENJEU ou Mise de chaque coup.	ADDITION des Enjeux perdus et de l'Enjeu gagnant.	BÉNÉFICE brut y compris la mise.	BÉNÉFICE NET.
	Florins.			
1	2	2	6	4
2	3	5	9	4
3	4	9	12	3
4	6	15	18	3
5	9	24	27	3
6	14	38	42	4
7	21	59	63	4
8	31	90	93	3
9	47	137	141	4
10	70	207	210	3
11	105	312	315	3
12	158	470	474	4
13	237	707	711	4
14	356	1063	1068	5
15	533	1596	1599	3

TABLEAU-RÈGLE
N° 6

MISE TOTALE
1913 florins (4112 francs)

VOIR L'EXPLICATION DE CE TABLEAU PAGES 29 ET 33

TABLEAU–RÈGLE

N° 6

N°˙ des Coups joués.	ENJEU ou Mise de chaque coup.	ADDITION des Enjeux perdus et de l'Enjeu gagnant.	BÉNÉFICE brut y compris la mise.	BÉNÉFICE NET.
	Florins.			
1	3	3	9	6
2	4	7	12	5
3	5	12	15	3
4	8	20	24	4
5	12	32	36	4
6	18	50	54	4
7	27	77	81	4
8	40	117	120	3
9	61	178	183	5
10	91	269	273	4
11	136	405	408	3
12	205	610	615	5
13	307	917	921	4
14	460	1377	1380	3

JEU SUR 24 NUMÉROS A LA FOIS

EN DEUX MISES DISTINCTES

TABLEAUX-RÈGLES

Nᵒˢ 7, 8, 9, 10 & 11

MANIÈRE DE JOUER

Le Joueur qui joue deux mises à chaque coup' choisira une des trois cases A, B ou C (voir page 44) pour y poser invariablement une mise. La deuxième mise simultanée sera, dès lors, alternativement placée sur l'une des deux autres cases.

EXEMPLE :

Supposons que le Joueur ait fait choix de la case A pour y déposer une mise à chaque coup.

La seconde mise simultanée sera déposée, savoir :

Sur B, pour les 1er, 3e, 5e coups, etc.
Sur C, pour les 2e, 4e, 6e coups, etc.

S'il fait choix de la case B pour y déposer invariablement une de ses deux mises de chaque coup, la seconde mise simultanée sera, dans ce cas, déposée, savoir :

Sur C, pour les 1er, 3e, 5e coups, etc.
Sur A, pour les 2e, 4e, 6e coups, etc.

Enfin, s'il choisit la case C pour une mise constante, la seconde mise simultanée sera placée, savoir :

Sur A, pour les 1er, 3e, 5e coups, etc.
Sur B, pour les 2e, 4e, 6e coups, etc.

Ce Jeu est un des plus attrayants par la fréquence des gains qu'il présente ; mais il est extrêmement dangereux, et nous ne le conseillerons jamais, que joué comme nous l'indiquons au Tableau n° 12.

En ne se préoccupant pas du capital antérieurement perdu, on peut jouer 100 coups × par 2 mises, soit un ensemble de 200 coups, avec 200 florins ou 430 francs (Tableau 12).

En voulant récupérer le capital perdu et gagner

1 florin, par coup joué, on peut perdre 1086 florins (2,335 francs) en six coups seulement.

Or, quelle que soit la chance du jeu, et *si mauvaise qu'on veuille la faire*, sur...... 3600*
numéros couvrant le tapis pendant 100
coups ($100 \times 36 = 3600$), le Joueur en
possédant......................... 2400
à lui seul, la perte, si perte il y avait, serait toujours insignifiante, tandis qu'il peut arriver une perte consécutive de six coups et même davantage.

------

* La proportion rigoureuse serait :

1° Dans les *amusements* publics à un zéro.... 3700	......	»
2° Dans les *amusements* publics à deux zéros...............	......	3800
3° Numéros appartenant au Joueur........... 2400	......	2400
Numéros appartenant au banquier........... 1300	......	1400

JEU SUR 24 NUMÉROS A LA FOIS

EN DEUX MISES DISTINCTES

TABLEAU-RÈGLE

N° 7

MISE TOTALE

1086 florins (2335 francs)

VOIR L'EXEMPLE, PAGES 61 A 63,

4.

JEU SUR 24 NUMÉROS A LA FOIS

EN DEUX MISES DISTINCTES

TABLEAU-RÈGLE

N° 7

N° DES COUPS joués.	MISES ou ENJEUX			ENJEUX PERDUS additionnés avec l'Enjeu sur table.	BÉNÉFICE BRUT y compris la Mise gagnante.	BÉNÉFICE NET.
	1re MISE.	2e MISE.	TOTAL de l'Enjeu.			
1	1	1	2	2	3	1
2	4	4	8	10	12	2
3	13	13	26	36	39	3
4	40	40	80	116	120	4
5	121	121	242	358	363	5
6	364	364	728	1086	1092	6

TABLEAU-RÈGLE

N° 8

JEU SUR UN SEUL ZÉRO

SUIVI

DE 4 APPENDICES

Permettant, au Joueur de modifier son jeu à volonté

SANS AUGMENTER SA MISE TOTALE

MISE TOTALE

1772 florins (3810 francs)

TABLEAU-RÈGLE

Nᵒ 8

Moyenne expérimentée, 5 p. 0/0.
Cinq coups gagnants sur cent coups joués.

EMPLOI DES TABLEAUX

1°

Avec le Tableau Nᵒ 8 seul, le joueur dispose de cent-cinquante coups d'une valeur moyenne de 32 florins (68 fr. 80) par coup gagnant.

2°

Avec l'Appendice Nᵒ 1 et le Tableau Nᵒ 8, le joueur dispose de 137 coups d'une valeur moyenne de 36 florins (77 fr. 40) par coup gagnant.

3°

Avec l'Appendice N° 2 et le Tableau N° 8, le joueur dispose de 126 coups valant chacun 40 florins (86 francs).

4°

Avec l'Appendice N° 3 et le Tableau n° 8, le joueur dispose de 118 coups valant chacun 48 florins (103 fr. 20).

5°

Avec l'Appendice N° 4 et le Tableau N° 8, le joueur dispose de 112 coups valant chacun 55 florins (118 fr. 25).

TABLEAU-RÈGLE

N° 8

N°° des Coups joués.	ENJEU ou Mise de chaque coup.	ADDITION des Enjeux perdus et de l'Enjeu gagnant.	BÉNÉFICE brut y compris la mise.	BÉNÉFICE NET.
	Florins.			
1	1	1	36	35
2	1	2	36	34
3	1	3	36	33
4	1	4	36	32
5	1	5	36	31
6	1	6	36	30
7	1	7	36	29
8	1	8	36	28
9	1	9	36	27
10	1	10	36	26
11	1	11	36	25
12	1	12	36	24
13	1	13	36	23
14	1	14	36	22
15	1	15	36	21
16	1	16	36	20
17	1	17	36	19

N.os des Coups joués.	ENJEU ou Mise de chaque coup.	ADDITION des Enjeux perdus et de l'Enjeu gagnant.	BÉNÉFICE brut y compris la mise.	BÉNÉFICE NET.
	Florins.			
18	1	18	36	18
19	1	19	36	17
20	1	20	36	16
21	1	21	36	15
22	1	22	36	14
23	1	23	36	13
24	1	24	36	12
25	1	25	36	11
26	1	26	36	10
27	2	28	72	44
28	2	30	72	42
29	2	32	72	40
30	2	34	72	38
31	2	36	72	36
32	2	38	72	34
33	2	40	72	32
34	2	42	72	30
35	2	44	72	28
36	2	46	72	26
37	2	48	72	24
38	2	50	72	22

N.os des Coups joués.	ENJEU ou Mise de chaque coup.	ADDITION des Enjeux perdus et de l'Enjeu gagnant.	BÉNÉFICE brut y compris la mise.	BÉNÉFICE NET.
	Florins.			
39	2	52	72	20
40	2	54	72	18
41	2	56	72	16
42	2	58	72	14
43	2	60	72	12
44	2	62	72	10
45	3	65	108	43
46	3	68	108	40
47	3	71	108	37
48	3	74	108	34
49	3	77	108	31
50	3	80	108	28
51	3	83	108	25
52	3	86	108	22
53	3	89	108	19
54	3	92	108	16
55	3	95	108	13
56	3	98	108	10
57	4	102	144	42
58	4	106	144	38
59	4	110	144	34

N.os des Coups joués.	ENJEU ou Mise de chaque coup.	ADDITION des Enjeux perdus et de l'Enjeu gagnant.	BÉNÉFICE brut y compris la mise.	BÉNÉFICE NET.
	Florins.			
60	4	114	144	30
61	4	118	144	26
62	4	122	144	22
63	4	126	144	18
64	4	130	144	14
65	4	134	144	10
66	5	139	180	41
67	5	144	180	36
68	5	149	180	31
69	5	154	180	26
70	5	159	180	21
71	5	164	180	16
72	5	169	180	11
73	6	175	216	41
74	6	181	216	35
75	6	187	216	29
76	6	193	216	23
77	6	199	216	17
78	6	205	216	11
79	7	212	252	40
80	7	219	252	33

N.os des Coups joués.	ENJEU ou Mise de chaque coup.	ADDITION des Enjeux perdus et de l'Enjeu gagnant.	BÉNÉFICE brut y compris la mise.	BÉNÉFICE NET.
	Florins.			
81	7	226	252	26
82	7	233	252	19
83	7	240	252	12
84	8	248	288	40
85	8	256	288	32
86	8	264	288	24
87	8	272	288	16
88	9	281	324	43
89	9	290	324	34
90	9	299	324	25
91	9	308	324	16
92	10	318	360	42
93	10	328	360	32
94	10	338	360	22
95	10	348	360	12
96	11	359	396	37
97	11	370	396	26
98	11	381	396	15
99	12	393	432	39
100	12	405	432	27
101	12	417	432	15

N°ˢ des Coups joués.	ENJEU ou Mise de chaque coup.	ADDITION des Enjeux perdus et de l'Enjeu gagnant.	BÉNÉFICE brut y compris la mise.	BÉNÉFICE NET.
	Florins.			
102	13	430	468	38
103	13	443	468	25
104	13	456	468	12
105	14	470	504	34
106	14	484	504	20
107	15	499	504	41
108	15	514	504	26
109	16	530	576	46
110	16	546	576	30
111	16	562	576	14
112	17	579	612	33
113	17	596	612	16
114	18	614	648	34
115	18	632	648	16
116	19	651	684	33
117	19	670	684	14
118	20	690	720	30
119	21	711	756	45
120	21	732	756	24
121	22	754	792	38
122	22	776	792	16

N^{os} des Coups joués.	ENJEU ou Mise de chaque coup.	ADDITION des Enjeux perdus et de l'Enjeu gagnant.	BÉNÉFICE brut y compris la mise.	BÉNÉFICE NET.
	Florins.			
123	23	799	828	29
124	24	823	864	41
125	24	847	864	17
126	25	872	900	28
127	26	898	936	38
128	27	925	972	47
129	27	952	972	20
130	28	980	1008	28
131	29	1009	1044	35
132	30	1039	1080	41
133	31	1070	1116	46
134	32	1102	1152	50
135	33	1135	1188	53
136	34	1169	1224	55
137	35	1204	1260	56
138	36	1240	1296	56
139	37	1277	1332	55
140	38	1315	1368	53
141	39	1354	1404	50
142	41	1395	1470	75
143	42	1437	1512	75

N°° des Coups joués.	ENJEU ou Mise de chaque coup.	ADDITION des Enjeux perdus et de l'Enjeu gagnant.	BÉNÉFICE brut y compris la mise.	BÉNÉFICE NET.
	Florins.			
144	43	1480	1548	68
145	44	1524	1584	60
146	45	1569	1620	51
147	47	1616	1692	76
148	50	1666	1800	134
149	52	1718	1872	154
150	54	1772	1944	172

NOTE

Si l'Établissement de jeu ne compte qu'une seule espèce de zéro, on croit inutile d'indiquer que l'enjeu doit être placé sur la case même qui renferme ce zéro. Si, au contraire, l'Établissement compte deux espèces de zéros, soit zéro simple et zéro double, on choisira celui sur lequel on devra placer sa mise.

TABLEAU-RÈGLE

N° 8

APPENDICE N° 1.

N°ˢ des Coups joués.	ENJEU de chaque coup.	BÉNÉFICE net en cas de gain.	N°ˢ des Coups joués.	ENJEU de chaque coup.	BÉNÉFICE net en cas de gain.
	Florins.			Florins.	
1	2	70	12	2	48
2	2	68	13	2	46
3	2	66	14	2	44
4	2	64	15	2	42
5	2	62	16	2	40
6	2	60	17	2	38
7	2	58	18	2	36
8	2	56	19	2	34
9	2	54	20	2	32
10	2	52	21	2	30
11	2	50	22	2	28

N^{os} des Coups joués.	ENJEU de chaque coup.	BÉNÉFICE net en cas de gain.	N^{os} des Coups joués.	ENJEU de chaque coup.	BÉNÉFICE net en cas de gain.
	Florins.			Florins.	
23	2	26	28	2	16
24	2	24	29	2	14
25	2	22	30	2	12
26	2	20	31	2	10
27	2	18			

Dans le cas où tous les coups indiqués dans cet Appendice auraient été perdus, on continuera par le 45e coup du Tableau-Règle N° 8.

TABLEAU-RÈGLE

N° 8

APPENDICE N° 2.

N°ˢ des Coups joués.	ENJEU de chaque coup.	BÉNÉFICE net en cas de gain.	N°ˢ des Coups joués.	ENJEU de chaque coup.	BÉNÉFICE net en cas de gain.
	Florins.			Florins	
1	3	105	12	3	72
2	3	102	13	3	69
3	3	99	14	3	66
4	3	96	15	3	63
5	3	93	16	3	60
6	3	90	17	3	57
7	3	87	18	3	54
8	3	84	19	3	51
9	3	81	20	3	48
10	3	78	21	3	45
11	3	75	22	3	42

N^{os} des Coups joués.	ENJEU de chaque coup.	BÉNÉFICE net en cas de gain.	N^{os} des Coups joués.	ENJEU de chaque coup.	BÉNÉFICE net en cas de gain.
	Florins.			Florins.	
23	3	39	28	3	24
24	3	36	29	3	21
25	3	33	30	3	18
26	3	30	31	3	15
27	3	27	32	3	12

Dans le cas où tous les coups indiqués dans cet Appendice auraient été perdus, on continuera par le 57ᵉ coup du Tableau-Règle Nº 8.

TABLEAU-RÈGLE

N° 8

___

APPENDICE N° 3.

N°ˢ des Coups joués.	ENJEU de chaque coup.	BÉNÉFICE net en cas de gain.	N°ˢ des Coups joués.	ENJEU de chaque coup.	BÉNÉFICE net en cas de gain.
	Florins.			Florins.	
1	4	140	12	4	96
2	4	136	13	4	92
3	4	132	14	4	88
4	4	128	15	4	84
5	4	124	16	4	80
6	4	120	17	4	76
7	4	116	18	4	72
8	4	112	19	4	68
9	4	108	20	4	64
10	4	104	21	4	60
11	4	100	22	4	56

Nos des Coups joués.	ENJEU de chaque coup.	BÉNÉFICE net en cas de gain.	Nos des Coups joués.	ENJEU de chaque coup.	BÉNÉFICE net en cas de gain.
	Florins.			Florins.	
23	4	52	29	4	28
24	4	48	30	4	24
25	4	44	31	4	20
26	4	40	32	4	16
27	4	36	33	4	12
28	4	32			

Dans le cas où tous les coups indiqués dans cet Appendice auraient été perdus, on continuera par le 66e coup du Tableau Nᵒ 8.

TABLEAU-RÈGLE

N° 8

APPENDICE N° 4.

N°⁰ des Coups joués.	ENJEU de chaque coup.	BÉNÉFICE net en cas de gain.	N°⁰ des Coups joués.	ENJEU de chaque coup.	BÉNÉFICE net en cas de gain.
	Florins.			Florins.	
1	5	175	12	5	120
2	5	170	13	5	115
3	5	165	14	5	110
4	5	160	15	5	105
5	5	155	16	5	100
6	5	150	17	5	95
7	5	145	18	5	90
8	5	140	19	5	85
9	5	135	20	5	80
10	5	130	21	5	75
11	5	125	22	5	70

Nᵒˢ des Coups joués.	ENJEU de chaque coup.	BÉNÉFICE net en cas de gain.	Nᵒˢ des Coups joués.	ENJEU de chaque coup.	BÉNÉFICE net en cas de gain.
	Florins.			Florins.	
23	5	65	29	5	35
24	5	60	30	5	30
25	5	55	31	5	25
26	5	50	32	5	20
27	5	45	33	5	15
28	5	40	34	5	10

Dans le cas où tous les coups indiqués dans cet Appendice auraient été perdus, on continuera par le 73ᵉ coup du Tableau-Règle Nᵒ 8.

TABLEAU-RÈGLE
Nº 9

JEU SUR DEUX ZÉROS CONJOINTEMENT

De 4 appendices permettant au joueur de modifier son
jeu à volonté

SANS AUGMENTER SON CAPITAL

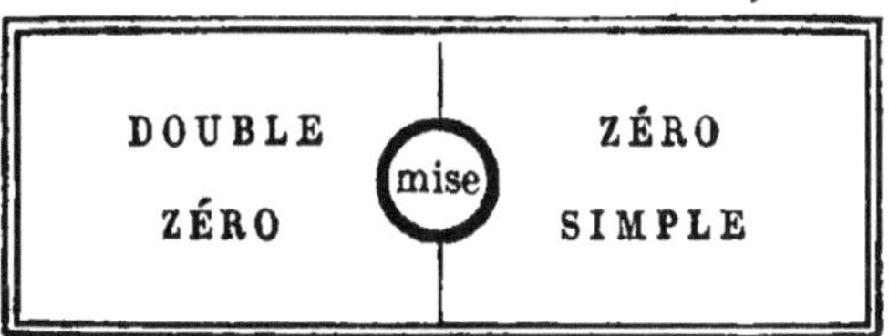

MISE TOTALE
1774 florins (3814 francs)

TABLEAU-RÈGLE

N° 9

1°

Avec le Tableau N° 9, le joueur dispose de 75 coups d'une valeur moyenne de 50 florins (107 fr. 50) par coup gagnant.

2°

Avec l'Appendice N° 5 et le Tableau N° 9, 69 coups de 54 florins (116 fr. 10).

3°

Avec l'Appendice N° 6 et le Tableau N° 9, 66 coups de 57 florins (122 fr. 55).

4°

Avec l'Appendice N° 7 et le Tableau n° 9, 63 coups de 60 florins (130 fr. 50).

5°

Avec l'Appendice N° 8 et le Tableau N° 9, 61 coups de 63 florins (135 fr. 45).

TABLEAU-RÈGLE

N° 9

N°° des Coups joués.	ENJEU ou Mise de chaque coup.	ADDITION des Enjeux perdus et de l'Enjeu gaguant.	BÉNÉFICE brut y compris la mise.	BÉNÉFICE NET.
	Florins.			
1	1	1	18	17
2	1	2	18	16
3	1	3	18	15
4	1	4	18	14
5	1	5	18	13
6	1	6	18	12
7	1	7	18	11
8	1	8	18	10
9	1	9	18	9
10	1	10	18	8
11	1	11	18	7
12	1	12	18	6
13	1	13	18	5
14	2	15	36	21
15	2	17	36	19
16	2	19	36	17
17	2	21	36	15

N.os des Coups joués.	ENJEU ou Mise de chaque coup.	ADDITION des Enjeux perdus et de l'Enjeu gagnant.	BÉNÉFICE brut y compris la mise.	BÉNÉFICE NET.
	Florins.			
18	2	23	36	13
19	2	25	36	11
20	3	28	54	26
21	3	31	54	23
22	3	34	54	20
23	4	38	72	34
24	4	42	72	30
25	5	47	90	43
26	5	52	90	38
27	6	58	108	50
28	6	64	108	44
29	7	71	126	55
30	7	78	126	48
31	8	86	144	58
32	8	94	144	50
33	9	103	162	59
34	9	112	162	50
35	10	122	180	58
36	10	132	180	48
37	11	143	198	55
38	12	155	216	61

N°ˢ des Coups joués.	ENJEU ou Mise de chaque coup.	ADDITION des Enjeux perdus et de l'Enjeu gagnant.	BÉNÉFICE brut y compris la mise.	BÉNÉFICE NET.
	Florins.			
39	12	167	216	49
40	13	180	234	54
41	14	194	252	58
42	15	209	270	61
43	16	225	288	63
44	17	242	306	64
45	18	260	324	64
46	20	280	360	80
47	21	301	378	77
48	22	323	396	73
49	23	346	414	68
50	25	371	450	79
51	26	397	468	71
52	27	424	486	62
53	29	453	522	69
54	30	483	540	57
55	32	515	576	61
56	34	549	612	63
57	36	585	648	63
58	38	623	684	61
59	41	664	738	74

N.os des Coups joués.	ENJEU ou Mise de chaque coup.	ADDITION des Enjeux perdus et de l'Enjeu gagnant.	BÉNÉFICE brut y compris la mise.	BÉNÉFICE NET.
	Florins.			
60	43	707	774	67
61	45	752	810	58
62	48	800	864	64
63	51	851	918	67
64	54	905	972	67
65	58	963	1044	81
66	61	1024	1098	74
67	65	1089	1170	81
68	69	1158	1242	84
69	73	1231	1314	83
70	78	1309	1404	95
71	83	1392	1494	102
72	87	1479	1566	87
73	92	1571	1656	85
74	98	1669	1764	95
75	105	1774	1890	116

NOTE.

Il demeure entendu que, pour la mise à exécution du Tableau N° 9 et de ses Appendices, l'enjeu indiqué doit être posé à cheval sur la ligne qui sépare les deux espèces de zéros.

TABLEAU–RÈGLE

N° 9

APPENDICE N° 5.			APPENDICE N° 6.		
N°ˢ des Coups joués.	ENJEU de chaque coup.	BÉNÉFICE net en cas de gain.	N°ˢ des Coups joués.	ENJEU de chaque coup.	BÉNÉFICE net en cas de gain.
	Florins.			Florins.	
1	2	34	1	3	51
2	2	32	2	3	48
3	2	30	3	3	45
4	2	28	4	3	42
5	2	26	5	3	39
6	2	24	6	3	36
7	2	22	7	3	33
8	2	20	8	3	30
9	2	18	9	3	27
10	2	16	10	3	24
11	2			3	21

SUITE DE L'APPENDICE Nº 5. | SUITE DE L'APPENDICE Nº 6.

Nᵒˢ des Coups joués.	ENJEU de chaque coup.	BÉNÉFICE net en cas de gain.	Nᵒˢ des Coups joués.	ENJEU de chaque coup.	BÉNÉFICE net en cas de gain.
	Florins.			Florins.	
12	2	12	12	3	18
13	2	10	13	3	15
14	2	8	14	3	12
15	2	6	15	3	9
			16	3	6

Continuer, en cas de perte, par le 22ᵉ coup du Tableau Nº 9.

Continuer, en cas de perte, par le 26ᵉ coup du Tableau Nº 9.

TABLEAU-RÈGLE

N.° 9

APPENDICE N.° 7. | APPENDICE N.° 8.

N.°s des Coups joués.	ENJEU de chaque coup.	BÉNÉFICE net en cas de gain.	N.°s des Coups joués.	ENJEU de chaque coup.	BÉNÉFICE net en cas de gain.
	Florins.			Florins.	
1	4	68	1	5	85
2	4	64	2	5	80
3	4	60	3	5	75
4	4	56	4	5	70
5	4	52	5	5	65
6	4	48	6	5	60
7	4	44	7	5	55
8	4	40	8	5	50
9	4	36	9	5	45
10	4	32	10	5	40
11	4	28	11	5	35

SUITE DE L'APPENDICE Nº 7.			SUITE DE L'APPENDICE Nº 8.		
Nᵒˢ des Coups joués.	ENJEU de chaque coup.	BÉNÉFICE net en cas de gain.	Nᵒˢ des Coups joués.	ENJEU de chaque coup.	BÉNÉFICE net en cas de gain.
	Florins.			Florins.	
12	4	24	12	5	30
13	4	20	13	5	25
14	4	16	14	5	20
15	4	12	15	5	15
16	4	8	16	5	10

Continuer, en cas de perte, par le 29ᵉ coup du Tableau Nº 9.

Continuer, en cas de perte, par le 31ᵉ coup du Tableau Nº 9.

TABLEAU-RÈGLE

Nº 10

JEU SIMULTANÉ SUR CHACUN DES DEUX ZÉROS

DOUBLE ZÉRO.	ZÉRO SIMPLE.
100 COUPS ▲ 1 FLORIN CHAQUE.	100 COUPS ▲ 1 FLORIN CHAQUE.

MISE TOTALE

200 florins (430 francs)

VOIR L'EXPLICATION PAGE 76.

6.

TABLEAU-RÈGLE N° 10.

RÉSULTATS

Moyenne expérimentée du Jeu indiqué à ce Tableau

DIX COUPS GAGNANTS SUR CENT COUPS JOUÉS. — 10 P. 0/0.

RÈGLE.

Le capital antérieurement perdu n'étant pas récupéré à chaque coup gagnant, comme au Tableau N° 9, il est nécessaire de ménager sa mise totale. A cet effet : 1° on attendra, *avant de jouer*, qu'un zéro soit sorti ; 2° lorsqu'un zéro sera sorti, on *attendra dix coups sans jouer ;* 3° lorsqu'on aura compté dix coups *après la sortie* d'un zéro, on commencera à jouer à partir du *onzième coup inclusivement* et l'on continuera jusqu'à ce qu'un zéro sorte ; 4° dès qu'un zéro sera sorti, *on attendra dix nouveaux coups sans jouer* et l'on recommencera à partir du onzième coup après la sortie d'un zéro ; 5° après cent coups joués, quel qu'en soit le résultat, on se retirera du jeu, ou on mettra un intervalle de *cinquante coups* au moins avant de recommencer.

TABLEAU-RÈGLE N° 10.

NOMBRE des coups gagnés.	MISE première du Joueur.	PRODUIT des coups gagnés.	TOTAL de l'encaisse.	PERTES à déduire	ENCAISSE du Joueur après 100 coups.
	Florins.				
1	200	35	235	199	36
2	200	70	270	198	72
3	200	105	305	197	108
4	200	140	340	196	144
5	200	175	375	195	180
6	200	210	410	194	216 [1]
7	200	245	445	193	252
8	200	280	480	192	288 [2]
9	200	315	515	191	324
10	200	350	550	190	360 [3]

[1] A 6 p. 0/0 (soit six coups gagnés sur cent), le Joueur gagne 16 florins = 34 fr. 40 ; soit la somme de 1,032 fr. par mois.

[2] A 8 p. 0/0, il gagne 88 florins = 189 fr. 20 ; soit 5,676 fr. par mois.

[3] A 10 p. 0/0, il gagne 160 florins = 344 fr. ; soit 10,320 fr. par mois.

EXPLICATION

DU

TABLEAU-RÈGLE N° 10

1re COLONNE.

La 1re colonne indique le nombre des coups gagnés par le Joueur sur cent coups joués.

2e COLONNE.

La deuxième colonne contient le chiffre du capital total du Joueur à son entrée au jeu.

3e COLONNE.

La troisième colonne indique le produit d'un, de deux ou de plusieurs coups gagnés par le Joueur.

4e COLONNE.

La quatrième colonne totalise l'avoir du Joueur lors de son entrée au jeu avec le produit des coups qu'il a gagnés.

5e COLONNE.

La cinquième colonne indique le nombre de florins que le joueur aura perdus sur un total de cent coups.

6ᵉ COLONNE.

La sixième colonne indique le résultat définitif pour le Joueur des cent coups qu'il vient de jouer et sur lesquels il a gagné une, deux, quatre ou dix fois.

EXEMPLE :

Un Joueur, entré au jeu avec......... 200 fl.
a gagné 6 fois sur cent coups, soit...... 210

Total...... 410 fl.

Mais il a perdu 94 fois, soit 94 $\times$
2 florins...................... 188 fl.
    $+$ 6 coups $\times$ 1 florin........   6

Total de la perte....... 194   194

Reste...................... 216 fl.
Capital primitif à déduire..... 200

Bénéfice net .... 16 fl.

TABLEAU-RÈGLE
N° 11

JEU SUR DEUX ZÉROS CONJOINTEMENT

UN SEUL FLORIN PAR COUP.

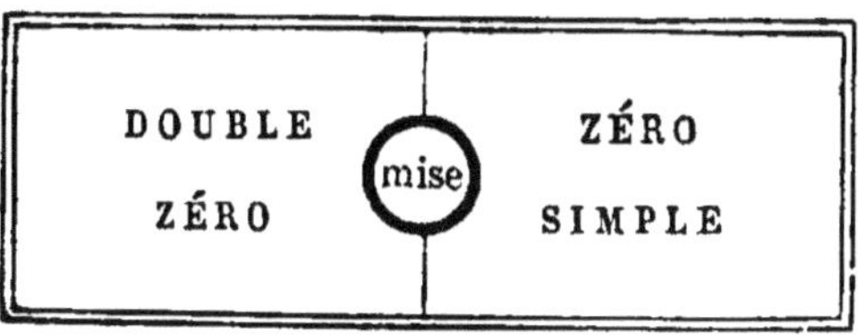

MISE TOTALE

200 florins (430 francs)

TABLEAU-RÈGLE N° 11.

RÉSULTATS

—

200 coups joués, moyenne à 10 p. 0/0

20 COUPS GAGNANTS SUR 200 COUPS JOUÉS.

Ce jeu est identiquement le même que celui du tableau N° 10, seulement les chances de perte et de gain y *sont réduites de moitié par coup joué.* Le résultat final est le même, on a *cent coups de plus* pour l'atteindre.

En jouant *cent coups* seulement du tableau N° 11, au lieu de 200, la moyenne ordinaire de 10 0/0 de gains donnerait une *perte* de 20 florins.

Avec 200 florins on peut jouer 77 coups sur un seul zéro (voir Tableau N° 8), ou 41 coups sur deux zéros à la fois (voir Tableau N° 9). En employant ces Tableaux, tout en suivant la Règle indiquée au Tableau N° 10, on y trouverait de grands avantages, attendu qu'il suffit d'un seul coup gagnant pour avoir son capital intact, plus un bénéfice convenable.

TABLEAU – RÈGLE

N° 11

NOMBRE des coups gagnés.	MISE première du Joueur.	PRODUIT des coups gagnés.	TOTAL de l'encaisse.	PERTES à déduire.	ENCAISSE du Joueur après 200 coups.
	Florins.				
1	200	17	217	199	18
2	200	34	234	198	36
3	200	51	251	197	54
4	200	68	268	196	72
5	200	85	285	195	90
6	200	102	302	194	108
7	200	119	319	193	126
8	200	136	336	192	144
9	200	153	353	191	162
10	200	170	370	190	180
11	200	187	387	189	198
12	200	204	404	188	216
13	200	221	421	187	234
14	200	238	438	186	252
15	200	255	455	185	270
16	200	272	472	184	288
17	200	289	489	183	306

NOMBRE des coups gagnés.	MISE première du Joueur.	PRODUIT des coups gagnés.	TOTAL de l'encaisse.	PERTES à déduire.	ENCAISSE du Joueur après 200 coups.
	Florins.				
18	200	306	506	182	324
19	200	323	523	181	342
20	200	340	540	180	360

TABLEAU-RÈGLE

N° 12

JEU SUR 24 NUMÉROS A LA FOIS

EN DEUX MISES DISTINCTES.

MISE TOTALE

200 florins (430 francs)

7.

TABLEAU-RÈGLE

N° 12

100 COUPS × 2 MISES = 200 COUPS JOUÉS

RÉSULTATS

Moyenne expérimentée, 76 coups gagnants
sur 100 coups.

MARCHE DU JEU

VOIR L'EXEMPLE, PAGE 46

TABLEAU – RÈGLE

N° 12

NOMBRE des coups gagnés.	MISE première du Joueur.	PRODUIT des coups gagnés.	TOTAL de l'encaisse.	PERTES à déduire.	ENCAISSE du Joueur après 200 coups.
	Florins.				
1	200	2	202	199	3
2	200	4	204	198	6
3	200	6	206	197	9
4	200	8	208	196	12
5	200	10	210	195	15
6	200	12	212	194	18
7	200	14	214	193	21
8	200	16	216	192	24
9	200	18	218	191	27
10	200	20	220	190	30
11	200	22	222	189	33
12	200	24	224	188	36
13	200	26	226	187	39
14	200	28	228	186	42
15	200	30	230	185	45
16	200	32	232	184	48
17	200	34	234	183	51

NOMBRE des coups gagnés.	MISE première du Joueur.	PRODUIT des coups gagnés.	TOTAL de l'encaisse.	PERTES à déduire.	ENCAISSE du Joueur après 200 coups
	Florins.				
18	200	36	236	182	54
19	200	38	238	181	57
20	200	40	240	180	60
21	200	42	242	179	63
22	200	44	244	178	66
23	200	46	246	177	69
24	200	48	248	176	72
25	200	50	250	175	75
26	200	52	252	174	78
27	200	54	254	173	81
28	200	56	256	172	84
29	200	58	258	171	87
30	200	60	260	170	90
31	200	62	262	169	93
32	200	64	264	168	96
33	200	66	266	167	99
34	200	68	268	166	102
35	200	70	270	165	105
36	200	72	272	164	108
37	200	74	274	163	111
38	200	76	276	162	114

NOMBRE des coups gagnés.	MISE première du Joueur.	PRODUIT des coups gagnés.	TOTAL de l'encaisse.	PERTES à déduire.	ENCAISSE du Joueur après 200 coups.
	Florins.				
39	200	78	278	161	117
40	200	80	280	160	120
41	200	82	282	159	123
42	200	84	284	158	126
43	200	86	286	157	129
44	200	88	288	156	132
45	200	90	290	155	135
46	200	92	292	154	138
47	200	94	294	153	141
48	200	96	296	152	144
49	200	98	298	151	147
50	200	100	300	150	150
51	200	102	302	149	153
52	200	104	304	148	156
53	200	106	306	147	159
54	200	108	308	146	162
55	200	110	310	145	165
56	200	112	312	144	168
57	200	114	314	143	171
58	200	116	316	142	174
59	200	118	318	141	177

NOMBRE des coups gagnés.	MISE première du Joueur.	PRODUIT des coups gagnés.	TOTAL de l'encaisse.	PERTES à déduire.	ENCAISSE du Joueur après 200 coups.
	Florins.				
60	200	120	320	140	180
61	200	122	322	139	183
62	200	124	324	138	186
63	200	126	326	137	189
64	200	128	328	136	192
65	200	130	330	135	195
66	200	132	332	134	198
67	200	134	334	133	201
68	200	136	336	132	204
69	200	138	338	131	207
70	200	140	340	130	210
71	200	142	342	129	213
72	200	144	344	128	216
73	200	146	346	127	219
74	200	148	348	126	222
75	200	150	350	125	225
76	200	152	352	124	228

Carte de Pointage ou de Contrôle pour 432 coups.

	1ʳᵉ série.	2ᵉ série.	3ᵉ série.	4ᵉ série.	5ᵉ série.	6ᵉ série.	7ᵉ série.	8ᵉ série.	9ᵉ série.	10ᵉ série.	11ᵉ série.	12ᵉ série.
1												
2												
3												
4												
5												
6												
7												
8												
9												
10												
11												
12												
13												
14												
15												
16												
17												
18												
19												
20												
21												
22												
23												
24												
25												
26												
27												
28												
29												
30												
31												
32												
33												
34												
35												
36												

TABLE DES MATIÈRES

—❀—

FIN.

Typographie ERNEST MEYER, rue de Verneuil, 22, à Paris.

9 782329 398754